MONTROGNON

LE CHATEAU — LES SEIGNEURS

PAR

AMBROISE TARDIEU

HISTORIOGRAPHE DE LA BASSE-AUVERGNE

OFFICIER ET CHEVALIER DE PLUSIEURS ORDRES

MEMBRE DES ACADÉMIES DE MADRID, DE TOULOUSE, DE CLERMONT-FERRAND

DE L'INSTITUT D'ARCHÉOLOGIE DE ROME, ETC.

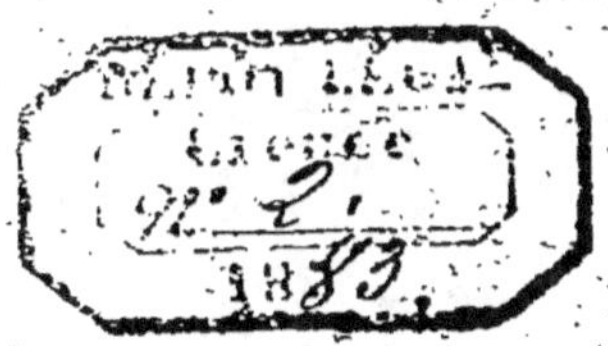

GUÉRET

IMPRIMERIE HIPPOLYTE RICHET

—

1883

MONTROGNON

LE CHATEAU — LES SEIGNEURS

PAR

AMBROISE TARDIEU

HISTORIOGRAPHE DE LA BASSE-AUVERGNE

OFFICIER ET CHEVALIER DE PLUSIEURS ORDRES

MEMBRE DES ACADÉMIES DE MADRID, DE TOULOUSE, DE CLERMONT-FERRAND

DE L'INSTITUT D'ARCHÉOLOGIE DE ROME, ETC.

GUÉRET

IMPRIMERIE HIPPOLYTE RICHET

—

1883

MONTROGNON

LE CHATEAU. — LES SEIGNEURS

Parmi les curiosités féodales de la Basse-Auvergne, il en est une qui attire principalement l'attention, par sa position stratégique et ses souvenirs: c'est celle du château de Montrognon, près de Clermont-Ferrand. Perché sur un monticule isolé, Montrognon s'aperçoit de fort loin dans presque toute la Limagne. Vu de Clermont, son effet est des plus pittoresques. C'est une véritable aiguille de pierre. De Ceyrat, les ruines se partagent en deux énormes pans de muraille. Le donjon éventré est d'un aspect imposant. Comme fonds de tableau, ces ruines ont quelque chose de magique. Elles manqueraient, certainement, à l'ensemble du paysage si, tout d'un coup, elles venaient à disparaître. Chaque jour, quelques pans de murs, quelques pierres se détachent du vieux château. Dans quelques années, peut-être, il n'existera plus rien.

Montrognon est appelé en latin *mons rugosus*, c'est-à-dire montagne rugueuse, parce que le monticule sur lequel est assise la forteresse est couvert de pierrailles, c'est-à-dire de déjections de laves. Diverses chartes donnent les dénominations de *Montrinho* (1190), *Montrigno* (1225), *Montroignon* (1276).

Le Château. — Le château de Montrognon (*castrum de Monte rugoso*) a été construit, en 1190, par Robert 1er, Dauphin d'Auvergne, dans les circonstances suivantes. Robert était fils de Guillaume VII, comte d'Auvergne, lequel étant parti pour la croisade avec le roi de France Louis-le-Jeune (1147) n'en revint que deux ans après (1149). Pendant l'absence du noble chevalier, son oncle, Guillaume VIII, s'empara du comté d'Auvergne et, à son retour, refusa de le lui rendre. Dès ce moment, une lutte acharnée s'engagea entre l'usurpateur et l'usurpé. Le roi de France et d'Angleterre, le pape Alexandre III prirent part à une affaire aussi sérieuse. Guillaume VII implora le secours d'Henri II, roi d'Angleterre qui, en sa qualité de duc d'Aquitaine, prétendait avoir des droits sur l'Auvergne. Le roi de France soutint Guillaume VIII. Après plusieurs luttes à main armée, les deux prétendants s'accordèrent; mais le plus lésé fut celui qui aurait dû l'être le moins. L'oncle retint le titre de *comte d'Auvergne,* la partie septentrionale de la province depuis Riom jusqu'au Bourbonnais et la partie orientale depuis l'Allier jusqu'au delà. Le neveu eut le titre de *comte de Clermont,* la moitié de cette ville, mais sans y comprendre le vieux château qui resta à Guillaume VIII; il eut aussi les fiefs de Vodable, de Pontgibaud, de Rochefort, d'Aurières, d'Herment, de Fernoël, de Montferrand, d'Issoire, de Saint-Germain-Lembron, du Crest, de Champeix, de Neschers, de Sauriers, de Plauzat, de Chanonat et de Montrognon. Dans ce partage, l'injustice avait été si forte que Guillaume VII quitta le nom de ses ancêtres paternels pour retenir celui de *Dauphin,* en mémoire de Guigues, dauphin de Viennois, son aïeul maternel. Ses terres portèrent, depuis, le titre de

Dauphiné d'Auvergne. Vodable en fut la capitale. On croit qu'il mourut en 1166. Il avait fondé en partie l'abbaye de Saint-André, près de Clermont (1149), où la plupart de ses descendants furent enterrés.

Robert Ier, dauphin d'Auvergne, fils de Guillaume VII, retint non-seulement le nom de Dauphin, pris par son père, mais encore les armes des Dauphins de Viennois (*d'or, au dauphin d'azur, crêté, oreillé et barbé de gueules*). Privé du château de Clermont, qui était resté aux descendants de Guillaume VIII et ne voulant pas éloigner sa résidence de cette grande ville, ayant conservé, au surplus, un grand nombre de terres aux alentours, il se décida à élever une importante forteresse en vue de Clermont, sur le monticule de Montrognon, afin d'en faire comme le centre de ses possessions. Il était, du reste, ainsi que son père, seigneur en partie de Montrognon où l'on voyait un petit village qui appartenait à un seigneur du nom de Guillaume de Montrognon. Ce dernier fit une transaction avec le Dauphin d'Auvergne et lui céda ses droits sur Montrognon ; en retour, il obtint le château d'Opmne, situé à faible distance. Quand le Dauphin voulut bâtir le château de Montrognon, il dût acquérir la plupart des habitations de ce village. C'est ainsi qu'Anselme d'Olby lui en vendit une, comme on le voit dans l'histoire généalogique de la maison d'Auvergne, par le savant Baluze. Robert jeta ensuite les fondements de son château, voulant en faire une forteresse de premier ordre. Ceci se passait en 1190 ; et, dans le même temps, il construisait aussi le château de Pontgibaud (Puy-de-Dôme), qui existe encore en parfait état et qui possède, comme celui de Montrognon, un donjon circulaire.

Robert se consola de la perte du comté et de l'injustice des hommes par la culture de la poésie. Troubadour célèbre, il attira, à sa cour, les poètes en renom de son temps, parmi lesquels Hugues de Peyrol, né au château de Peyrol, en Basse-Auvergne, Pierre d'Auvergne, dit le vieux, né à Clermont, Perdigon, poète provençal, Brunet, natif de Rodez, qui était en grande réputation, Bertrand d'Aurelle, Pierre de Moissat, Pons de Capdeuil, seigneur de Vertaizon. Robert est considéré comme l'un des chevaliers les plus magnifiques et les plus accomplis de son époque. Avec son cousin Guy II, il se trouva engagé dans les luttes des rois de France et d'Angleterre. Il soutint le parti de Richard-Cœur-de-Lion. Philippe-Auguste vint en Auvergne (1196) et y mit tout à feu et à sang. Le Dauphin perdit un grand nombre de fiefs. C'est à cette époque qu'il composa, en langue romane, une chanson ou *sirvente* contre le roi Richard, qui a été conservée. En voici quatre couplets avec la traduction :

<table>
<tr><td>

AR REI RICHART

Reis, pus vos de mi chantaz,
Trobet avetz chantador ;
Mas tan me-faitz de paor,
Per que m'torn à vos forsatz,
E plazentiers vos en son :
Mais d'aitan vos ochaizon,
S'ueymas laissatz vostre fieus,
No m'mandetz querre los miens.

Qu'ieu no soy reis coronatz,
Ni hom de tan gran ricor,
Que puesc' a mon for senhor
Defendre mas heretaz :
Mas vos, que li turc felon
Temion mais que Leon,
Reis è ducs, e coms d'Angieus,
Sufretz que Gisors es sieus !

Ben m'par, quan vos diziatz
Ku'ieu solid' aver valor,
Que m'laysassetz ses honor,
Pueys que bon me laysavatz.
Pero Dieus m'a fag tan bno,
Qu'entr'el Puy e Albuson
Puesc'remaner, entr'els mieus,
Qu'iel ne soy ser ni juzieus.

Senhor valens e honratz,
Que m'avetz donat alhor,
Si no, m'sembles, comjador ?
Ves vos m'en fo ratornatz ;
Mas mostre reis de saison
Rend Ussoir e lais Usson
E'l Cobrar es me mot lieus ;
Qu'ieu nai sai agret ses bricus,

</td><td>

AU ROI RICHARD

Roi, qui m'avez chansonné
Qu'à mon tour je vous chansonne ;
Car la peur, qui peu raisonne,
Sous vos lois m'a ramené...
Vous m'invitez à reprendre
Mes fiefs. — Oh ! vous parlez d'or ;
Mais, pour l'exemple, d'abord
Les vôtres faites-vous rendre.

Suis-je donc roi couronné,
Ai-je trésors et puissance,
Pour reprendre au roi de France
Mon héritage écorné ?
Mais vous roi, vous duc, vous
Vous du Sarrazin l'effroi [comte,
Souffrez que la France, sans droit,
Garde Gisors... quelle honte !

J'étais baron plein le cœur
Jadis ; vous-même le dites :
Me trahir comme le fîtes,
Fut-il donc d'un vrai seigneur ?
Or Dieu m'est toujours bon père,
Et ni serf, ni juif ne suis,
Moi qui d'Aubusson au Puy
Peux me loger sur ma terre.

Tant que m'avez protégé,
Bien ai su le reconnaître ;
Mais j'ai dû changer de maître,
Quand m'avez donné congé.
Vive le roi notre sire !
Lui qui nous rend avant peu
Issoire, Usson et mainct lieu
J'en ai brefs scellés de cire.

</td></tr>
</table>

Le château de Montrognon était un modèle du genre. L'architecture militaire de la fin du XIIe siècle y brillait d'un vif éclat. Il présentait un massif de constructions solides, bien assises, dans le genre du château de Tournoël. Au centre se trouvait une petite cour avec la citerne, dont il reste des vestiges ; le plan formait une espèce de trapèze entouré de bâtiments destinés au seigneur, à la châtelaine et à une garnison de cent hommes d'armes. Les angles du château étaient protégés par des tourelles à demi engagées ; celles-ci, surmontées de machicoulis et de créneaux. Le donjon avait trois étages voutés. Sa maçonnerie était consolidée par des chaînes en grès blanc de Jussat. Il était surmonté de la *guette*, sorte de guérite qui existe encore et d'où la sentinelle observait, au loin, la campagne. La porte du château était en vue de Ceyrat. Elle était précédée d'un pont-levis et d'un fossé. En pénétrant dans le château, on apercevait une chapelle, mentionnée dans un titre de 1281. Un escalier tournant permettait de monter aux étages supérieurs où se trouvait la grande salle de réception dans laquelle les feudataires prêtaient l'acte de foi-hommage et qui servait de salle des fêtes. Là, s'ouvrait une énorme cheminée ornée du blason de rigueur ; celui-ci avait son timbre, son cimier, ses lambrequins, ses supports.

Après avoir résisté aux siéges des Anglais, des Hugenots ou des Ligueurs, dans une période de quatre siècles, Montrognon fut compris parmi les forteresses que la politique du cardinal de Richelieu jugeait utile de faire disparaître. C'est ainsi qu'en 1633, il fut démantelé et rasé en partie avec un certain nombre de forteresses d'Auvergne, par ordre du roi Louis XIII, auquel il appartenait. Depuis lors, ce qui n'avait pas disparu subit le sort de toute ruine. En 1828, une des principales tours s'écroula avec fracas, au milieu de la nuit et occasionna une secousse telle que les habitants des villages voisins crurent avoir ressenti un tremblement de terre. Les vents impétueux des 19, 20 et 21 février 1840 causèrent encore de grands dommages aux vieilles et majestueuses ruines de Montrognon ; ils firent écrouler un pan de murailles et une portion de tour. Ce qui a aussi contribué à la destruction de cette antique demeure féodale, c'est qu'elle a servi de carrière aux habitants du village de Ceyrat.

Une vieille tradition prétend que le château de Montrognon avait été construit par César, ce qui est une erreur certaine, car il est l'œuvre entière du Dauphin d'Auvergne. Ce que l'on sait de positif c'est qu'au Moyen-Age, la forteresse était entourée d'un tout petit village et que sa position l'a toujours placée à l'abri d'un coup de main. Pendant la guerre de cent ans, quand les routiers anglais s'emparaient, à peu de distance, du château d'Opmne (en 1381 et 1392), Montrognon ne fut jamais pris et leva sa tête altière avec le drapeau des Dauphins d'Auvergne au-dessus du donjon. On s'explique la raison pour laquelle les Dauphins assignaient cette résidence comme douaire à leurs épouses, aux XIIIe et XIVe siècles ; les chatelaines s'y considéraient en sûreté et le voisinage de Clermont la faisait passer pour une des plus agréables.

Pour garder cette place forte, les seigneurs nommaient, d'ailleurs, un gentilhomme qui prenait le titre de *capitaine*. Parmi ces guerriers, nous trouvons, Géoffre Varvasse, seigneur de Varvasse, près de Chanonat (1354) ; Michalet du Bois (vers 1390) ; Rigault d'Aurelle, seigneur de Villeneuve (nommé capitaine de Montrognon et de Chamalières le 13 décembre 1500) ; Claude Fromenteau, seigneur de Fromenteau, conseiller et chambellan de Charles III, duc de Bourbon, connétable de France (1516).

La Baronnie. — La terre de Montrognon, qui porta, d'abord, la qualification de *châtellenie* et, avant 1789, celle de *baronnie*, comprenait, dans ses dépendances, d'après un titre de 1240, Opmne, Beaumont, Romagnat, Pérignat, Aubière et Ceyrat. Suivant l'usage, les seigneurs de Montrognon prêtaient la foi-hommage à un suzerain. Ils accomplirent cette formalité féodale, en 1240, envers l'évêque de Clermont ; mais, l'année suivante, ils s'en exonérèrent moyennant une somme de 1500 livres monnaie de Clermont.

En 1693, le seigneur de Montrognon, représenté par son bailli Jean Peghoux, se fit rendre la foi-hommage de ses vassaux. Nous relevons parmi les fiefs qui faisaient alors partie de cette terre : les châteaux de Julhat, de La Prugne, de Saulces, de Beaurepaire, d'Aubière, les fiefs de Bonneval, du Sauzet, d'une partie du lac de Sarliève, la tour du pré de Cros (aujourd'hui le bois de Cros, à Clermont).

La Justice. — Un magistrat, nommé par le seigneur, appelé dans l'origine *châtelain*, et, à partir du 17e siècle, *bailli*, rendait la justice haute, moyenne et basse dans toutes les terres de Montrognon et de Chamalières. La juridiction de Montrognon et de Chamalières fut réunie à la justice et aux pâturages de Clermont, par lettres de Catherine de Médicis, données à Blois, en novembre 1588 « voulant ladite reine que les justices fissent tout, à l'avenir, en commun, jusqu'aux pâturages qui devaient être profitables à l'un et à l'autre. » Pour cette juridiction, les seigneurs nommaient aussi un lieutenant du châtelain, un procureur fiscal, un greffier, un sergent, etc. Il y avait des fourches ou gibets pour l'exécution des criminels. Voici la liste des châtelains de Montrognon et de Chamalières : Guillaume de la Chassaigne, damoiseau, 1380 ; Etienne de Chaslus, dit le Boyer, damoiseau, 1381-1388 ; Pierre du Bois, 1412 ; Antoine de Murat, 1533 ; Jean Laville, 1581 ; Annet Laville, seigneur de Chignat, qualifié bailli, 1606 ; Claude Noellas, 1622 ; François Vernet 1635 ; Guy Potière, 1668 ; Jean Peghoux, avocat en parlement 1686-1723.

Le seigneur de Montrognon avait aussi un capitaine des chasses dans sa terre, fonctions remplies par Renaud de Gripel, en 1681. François Carmantrand, écuyer, seigneur de Rivemont et de Bezance, fut nommé lieutenant des chasses de Montrognon et de Chamalières, le 19 janvier 1682.

Les Seigneurs. — Montrognon a donné son nom à une famille de race féodale qui existe encore et qui portait pour armes : *d'azur, à la croix ancrée d'argent*. Elle possédait, dès la fin du XIᵉ siècle, une partie des droits féodaux de cette terre. Citons parmi ses membres : Guillaume de Montrognon, seigneur de Montrognon (1094), ancêtre d'autre Guillaume qui, en 1190, vendit ce qu'il possédait à Montrognon, à Robert Iᵉʳ, Dauphin d'Auvergne ; Chatard de Montrognon, qui se rendit à la croisade avec saint Louis, en 1249 ; Guillaume, qui était également à la croisade, en 1250 ; Robert, prieur des hospitaliers de Saint-Jean de Jérusalem, mort en 1275 ; Jean de Montrognon, vivant en 1350, épousa Catherine de Salvert, dame de Salvert. Sa postérité retint le nom de Salvert et c'est de lui que descendaient toutes les branches de la maison de Montrognon, maintenues nobles en Bourbonnais et en Auvergne, lors de la recherche de la noblesse en 1665-1668.

Guillaume VII, comte d'Auvergne, seigneur de Montrognon (1149-1166), dont nous avons parlé précédemment, épousa Jeanne de Calabre, dont il eut le suivant :

Robert Iᵉʳ, Dauphin d'Auvergne, comte de Clermont et de Montferrand, seigneur de Montrognon, etc., construisit en 1190, le château de Montrognon. Il mourut en 1234, laissant de sa femme dont le prénom commence par un G :

Guillaume, Dauphin d'Auvergne, comte de Clermont, seigneur de Montrognon, etc. (1234), mort en 1240, marié à Huguette, fille de Guillaume de Chamalières, seigneur de Chamalières, dont :

Robert II, Dauphin d'Auvergne, comte de Clermont, seigneur de Chamalières, de Montrognon, etc. (1240), qui testa en 1262. Il mourut la même année et fut enterré dans l'abbaye de Saint-André, près de Clermont. Il avait épousé Alix, fille du comte de Ventadour, qui le rendit père de

Robert III, Dauphin d'Auvergne, comte de Clermont, seigneur de Chamalières, de Montrognon, etc. (1262), mort en 1282, enterré dans l'abbaye de Saint-André. Sa femme avait nom Mahault d'Auvergne, fille de Guillaume, comte d'Auvergne ; il en eut : 1° Robert, qui suit ; 2° Guillaume, seigneur de Chamalières, de Montrognon et de Chanonat, doyen du chapitre de Chamalières (1291), chanoine de la cathédrale de Clermont, archidiacre de Tournay, prévôt du chapitre de Saint-Julien de Brioude ; il mourut en 1302.

Robert IV, Dauphin d'Auvergne, comte de Clermont, seigneur de Chamalières, de Montrognon (1302), mourut en 1324. On l'enterra dans l'abbaye de St-André. Il s'était marié deux fois : 1° à Alixent de Mercœur ; 2°, en 1289, à Isabeau de Châtillon, dame de Jalligny, morte en 1297, à laquelle il assigna son douaire sur Montrognon. Du 1ᵉʳ lit : 1° Guillaume, seigneur de Montrognon, en 1309, qui, cette même année, vit la seigneurie de Montrognon mise sous la main du roi par le bailli d'Auvergne ; Guillaume s'y opposa, ce qui le fit condamner à 500 livres d'amende ; 2° Jean, qui suit :

Jean, Dauphin d'Auvergne, dit *Dauphinet*, comte de Clermont, seigneur de Chamalières, de Montrognon (1324), mourut en 1352. Gouverneur de St-Omer, il chassa les Flamands de cette ville. Ses hommes d'armes allèrent contre eux avec sa bannière en criant : « *Clairmont ! Clairmont ! au Dauphin d'Auvergne !* » Il avait épousé, en 1313, Anne de Poitiers, qui reçut Montrognon en douaire et qui mourut en 1351. De cette union : Béraud, qui suit : Jean avait engagé, pour un certain délai, sa terre de Montrognon à Guillaume Mandavilain, riche bourgeois de Clermont.

Béraud Iᵉʳ, Dauphin d'Auvergne, comte de Clermont, seigneur de Montrognon (1352), se rendit à Rome au grand jubilé (1350). Il mourut en 1356, laissant de sa femme, Marie de la Vie de Villemur, le suivant :

Béraud II, Dauphin d'Auvergne, comte de Clermont, seigneur de Montrognon (1356), appelé le *comte Camus*, fut surnommé *le grand*, à cause de ses exploits. Il se trouva à la bataille de Poitiers en 1356. Ayant été donné en otage, en Angleterre, par le traité de Brétigny, il y demeura 13 ans prisonnier. En 1390, il accompagna le duc de Bourbon à Tunis, en Afrique. Il mourut en 1400. Il avait épousé, en secondes noces, Jeanne de Boulogne, dont il eut le suivant :

Béraud III, Dauphin d'Auvergne, comte de Clermont, et de Sancerre, seigneur de Montrognon (1400), rendit de grands services contre les routiers Anglais qui désolaient l'Auvergne. Il mourut en 1426, laissant de Jeanne de la Tour d'Auvergne, sa première femme :

Jeanne, Dauphine d'Auvergne, dame de Montrognon, mariée, en 1426, à Louis Ier de Bourbon, dit le Bon, comte de Montpensier. Elle mourut à Ardes, en 1436. Son époux était fils de Jean de Bourbon et de Marie de Berry. Il décéda en 1486 et fut enterré à Aigueperse, dans la chapelle qu'il avait fondée. Jeanne ne laissa pas d'enfants. Son époux se remaria à Gabrielle de la Tour d'Auvergne, dont il eut :

Gilbert de Bourbon, comte de Clermont et de Montpensier, Dauphin d'Auvergne, seigneur de Montrognon (1486), vice-roi de Naples, mort à Pouzolles en 1496. Il avait épousé Claire de Gonzague, dont il eut Charles III, qui suit :

Charles III de Bourbon, comte de Clermont et de Montpensier, Dauphin d'Auvergne, seigneur de Montrognon etc. (1496), célèbre connétable de France, eut, en 1527, après sa félonie, tous ses biens confisqués. Le roi Francois Ier les réunit à la couronne, en 1531.

Catherine de Médicis, comtesse de Clermont et d'Auvergne, reine de France, acheta, par acte du 18 septembre 1554, à la couronne, la terre de Montrognon. Elle mourut en 1589.

Charles de Valois, comte de Clermont et d'Auvergne (1589-1605), fut seigneur de Montrognon en vertu du testament de Catherine de Médicis, de 1589. Il était fils naturel de Charles IX et de Marie Touchet. Il mourut en 1650.

Marguerite de Valois, comtesse de Clermont et d'Auvergne, dite *reine Margot*, Ire femme du roi Henri II, célèbre par sa vie légère, devint dame de Montrognon (1606) à la suite de la disgrâce de Charles de Valois, compromis dans la conspiration du duc de Biron. Elle fut envoyée en possession des comtés de Clermont et d'Auvergne et de la terre de Montrognon ; mais elle en fit don (10 avril 1609) au roi Louis XIII qui réunit ces terres à la couronne.

Frédéric-Maurice de la Tour d'Auvergne, duc de Bouillon, devint seigneur de Montrognon lors de l'échange du comté d'Auvergne pour les principautés de Sédan et de Raucourt, fait par le roi Louis XIV (20 mars 1651). Le revenu de Montrognon fut porté, en 1654, à 1451 livres, 19 sous, 2 deniers. Frédéric-Maurice fut père de Godefroy-Maurice, duc de Bouillon, comte d'Auvergne, vicomte de Turenne, seigneur de Montrognon, lieutenant-général de l'Auvergne ; et celui-ci d'Emmanuel-Théodore, comte d'Auvergne, seigneur de Montrognon (1721), qui laissa pour fils : Charles-Godefroy duc de Bouillon, duc d'Albret, comte d'Auvergne, vicomte de Turenne, seigneur de Montrognon (1730), lequel, par acte du 22 octobre 1764, vendit Montrognon au suivant, moyennant 19,450 livres. L'acte reçu Me Dupré, notaire à Paris, fut ratifié, le 28 février 1783, moyennant 25,000 livres, par Godefroy-Charles-Henri de la Tour-d'Auvergne, duc de Bouillon, appelé à recueillir la succession de la maison de Bouillon.

Pierre-Faron-Benoit Guerrier, chevalier, seigneur de Bezance, de Romagnat, de Clémensat, de Prat, de Bonneval, conseiller au parlement de Paris, premier président à la cour des aides de Clermont, prit le titre de baron de Montrognon jusqu'à la Révolution française qui le dépouilla de cette terre. La famille Guerrier, qui remonte à un capitoul de Toulouse, en 1522, porte pour armes : *d'azur, à la fasce d'argent, accompagnée de 3 billettes d'or 2 et 1.*

La famille Berard de Chazelles possède actuellement les ruines du château de Montrognon qui lui proviennent de celle des Guerrier de Romagnat, alliée à la sienne.

AMBROISE TARDIEU.

GUÉRET, IMPRIMERIE HIP. RICHET.